AF636086

Anna Tomczyk

Schnittlauch für die Seele

ANNA TOMCZYK

Schnittlauch für die Seele

Gedanken, Gedichte und Geschichten für alle Jahreszeiten

neukirchener

Inhaltsverzeichnis

Zu guter Erst

Nein, Sie haben sich nicht verlesen. Da steht „zu guter Erst“ und nicht „zu guter Letzt“, denn damit zuletzt alles gut wird, braucht es einen guten Anfang. Und dieser Anfang ist jetzt, in dem Augenblick, in dem ich mich entscheide innezuhalten, den Trott des oft mühsamen Alltags kurz zu unterbrechen, um hinzuschauen. Auf mich, mein Leben und die Welt um mich herum. Und um hineinzuspüren, wo Gott mich vielleicht auf neue Wege führen möchte, hinaus aus der Enge der Zweifel und der Mutlosigkeit in die Weite der Hoffnung, der neuen Möglichkeiten. Die gute Nachricht ist: Er ist kreativer, als wir es uns vorstellen können, wenn wir gerade im tiefen Loch sitzen, vor uns hin grübeln und kaum Kraft haben für den nächsten Schritt. Er ist nur ein Gebet von uns entfernt. Er drängt sich nicht auf, aber er ist da und wartet höflich, bis wir ihn ansprechen. Wie einen guten Freund. Und er antwortet - nicht immer gleich und oft nicht so, wie wir es erwarten würden. Aber wir sind ihm nicht egal und selbst wenn wir es lange Zeit nicht sehen oder spüren, arbeitet er schon an einer Lösung. Manches dauert eben etwas länger.

Manchmal schickt Gott einen Engel vorbei, der uns Mut macht. Ja, moderne Engel haben auch Telefon und Internet. Manchmal schickt er auch den Briefträger oder die Kollegin. Oder auch nur einen Vogel, der nach einer tiefdunklen Nacht von Leben und Freude singt, einfach so, womöglich in C-Dur. Vielleicht spricht er auch durch ein Gedicht, eine Geschichte oder durch die Blume zu uns. Oder er öffnet uns die Augen für ein Büschel hoffnungsgrünen Schnittlauchs, der uns erfrischt, mitten im Alltag. Gerade, wenn es uns nicht so gut geht, werden wir empfänglicher für die kleinen Zeichen auf unserem Weg, wie etwa für ein Lächeln, das uns unverhofft geschenkt wird. Dieses Buch ist eine Einladung, nach solchen Zeichen der Hoffnung Ausschau zu halten. Die kurzen Texte möchten, wie kleine Schnittlauchschnittchen für den Körper, Nahrung für die Seele sein. Unkompliziert zwischendurch zu genießen, wenn man gerade eine Stärkung braucht.

Die Natur mit ihren verschiedenen Phasen und Jahreszeiten kann dabei so manches Mal zum Sinnbild für unser Leben werden mit ihren Aufs und Abs, Wachstums-, Dürre- und Reifezeiten. Sie alle gehören dazu. Wenn wir sie wahrnehmen und annehmen, kann so manch wunderschöne Blume aufblühen, in Fülle, zur rechten Zeit.

Frühlingsmut

Schnittlauch für die Seele

Er steht bei mir auf der Fensterbank in der Küche. In einem kleinen Blumentopf. Mit seinem grünen Wuschelkopf bringt er etwas Farbe ins Alltagsgrau. Vor allem wenn draußen die Regenwolken den Tag trüb erscheinen lassen, muntert mich das helle Grün auf. Und beim Kochen bringt der Schnittlauch eine milde Würze in die Speisen. Schnittchen mit Schnittlauch, nicht nur bei Familienfesten eine Augen- und Gaumenfreude, sondern auch und gerade im ganz normalen Alltag. Man könnte die Brotscheiben einfach nur mit Käse oder Wurst belegen, um satt zu werden, aber der in feine Röllchen geschnittene Schnittlauch gibt dem Abendbrot das gewisse Etwas. Einen Hauch von Leichtigkeit und Lebensfreude.

Arm an Kalorien, aber reich an Mineralstoffen ist der Schnittlauch außerdem sehr gesund. Er enthält unter anderem viel Kalium und Vitamin K. Letzteres ist etwa für die Blutgerinnung und Knochengesundheit wichtig. Er wird als Küchengewürz verwendet, aber auch als Zierpflanze. Die lilafarbenen Blüten sind hübsche Farbtupfer

im Garten oder auf der Terrasse. Auf meiner habe ich auch einen kleinen Topf, unter den Rosen. Er ist erstaunlich widerstandsfähig und hat schon so manchen Winter draußen überlebt, trotz Frost und Schnee. Auch wenn man ihn abschneidet, wächst er immer wieder nach, ein echter (Über-)Lebenskünstler. Er braucht nicht viel Platz und wächst fast überall, nicht in exotischen Fernen, sondern hier bei uns.
Vielleicht braucht auch meine Seele manchmal ein wenig Schnittlauch, also etwas Erfrischung, Würze oder einen neuen Anstrich in Hoffnungsgrün. Gerade an grauen Tagen. Dann könnte es sein, dass trotz und gerade in herausfordernden Zeiten wieder neue Hoffnung sprießt. Und wie der Schnittlauch, abgeschnitten, trotzdem weiterwächst, so könnte selbst ein schmerzhafter Einschnitt zu einem neuen Lebensabschnitt werden.

„Dann sprach Gott: Die Erde lasse junges Grün sprießen. Und so geschah es. Die Erde brachte junges Grün hervor. Gott sah, dass es gut war.“ (1. Mose 1,11-12)

Wunsch für dich

Ich wünsche dir
dass dir nie fehle
etwas Erfrischung
für die Seele
die Hoffnung sprieße
schnittlauchgrün
und stärke dich
in allem Mühn

Startklar

Ich schau mich um
noch etwas scheu
denn alles ist
so herrlich neu.

Die Chancen liegen
hier vor mir
wie dieses weiße
Blatt Papier.

Ich seh nach vorn
nicht mehr zurück
ein neuer Anfang
welch ein Glück!

Frühlingsgedanken

Es ist jedes Jahr das Gleiche, doch ich kann es jedes Jahr kaum fassen. Aus der kalten Wintererde, die dürr und tot erscheint, kommen, wie von selbst, kleine grüne Sprossen, Blätter, dann gar bunte Blüten in allen möglichen Farben und Formen. Woher wissen sie, wie das geht? Ich meine, wie man keimt und wächst und welche Farbe und Form man annimmt? Wer sagt ihnen, wann sie anfangen müssen zu sprossen? Und wie sprechen sich die ganzen Schneeglöckchen ab, dass sie auf einmal in einer ganzen Herde, schwups, plötzlich aus der Erde schießen? Gibt es eine geheime Blumensprache, die wir Menschen bloß nicht verstehen? Es ist faszinierend zu beobachten, wie das alles funktioniert, ohne dass jemand den Blumen sagt, wann es losgeht. Die sind meist intelligenter und wissen es viel besser als wir. Dabei meinen wir ja oft, wir seien für alles zuständig und verantwortlich, müssten alles planen und entscheiden. Doch die Natur hat ihren ganz eigenen Plan und ihre Zeit – Zeit zum Zurückziehen und Abwarten und eben auch Zeit zum Neubeginn.

„Seht, ich mache alles neu.“
(Offenbarung 21,5)

Schnee von gestern

Mütze, Schal und Karotte
liegen hier unten im Gras.
Wenn ich's mir recht überlege,
so war hier früher doch was.

Detektiv März
die Lösung schnell fand -
hier war mal ein Schneemann,
bevor er verschwand.

Fastenzeit

Wie der Natur, so tut es auch der Seele des Menschen gut, sich immer wieder einem Frühjahrsputz zu unterziehen. Reinigen, was verstaubt ist, sich auf das Wesentliche besinnen. Der Mensch ist ein Gewohnheitstier und die Fastenzeit ist eine gute Gelegenheit, mal seine eigenen Gewohnheiten anzuschauen und zu prüfen, ob sie noch passen und einem selbst und anderen guttun oder vielleicht doch einer Revision unterzogen und sogar abgelegt werden sollten. Auf manches kann man verzichten, um wiederum etwas Wertvolleres zu gewinnen. Umkehr ist dafür der kirchliche Begriff. Heute würde man sagen: Sein Navigationsgerät instandsetzen, um das richtige Ziel zu erreichen.

Neuausrichtung

Manchmal stößt man
immer wieder
an dieselben Sorgenwände
man stößt sich Kopf und Herz
ganz wund
und
denkt: Dies findet nie ein Ende

Doch plötzlich scheint's
als ob man hörte
oder ganz tief innen spürte
den Trost: Dies ist gar nicht das Ende
sondern im Gegenteil: die Wende!

Kehre um
such neue Wege
die Angst in Gottes Hände lege
man findet viel mehr
als man denkt
wenn Gott uns Perspektiven schenkt

„Geht die Sonne *auf im Westen,*
so musst du deinen
Kompass *testen."*

(Kalenderspruch)

Was ist Fastenzeit?

Verzichten
auf Hoffnungslosigkeit
auf Überforderung
auf das Zuviel

offen werden
für das Du
für neue Zuversicht
für Gottes Spuren
in meinem Leben

Fastenvorsatz – neuen Mut finden

In unserer Leistungsgesellschaft geht es oft darum, immer mehr Leistung zu bringen. Dabei bleibt oft das Menschliche auf der Strecke und die Menschen werden immer mehr zu Maschinen degradiert, die lediglich funktionieren müssen. Doch der Mensch ist nicht nur wertvoll, wenn er etwas tut, sondern, indem er ist. Der dauernde Druck und Zwang, der vielen von der Außenwelt auferlegt wird oder den man sich selbst auferlegt, nimmt zahlreichen Menschen etwas ganz Lebenswichtiges – die Freude!

Ein Fastenvorsatz könnte sein, diese Lebensfreude wieder neu zu entdecken und neuen Lebensmut zu finden. Wie könnte das gehen? Ganz aus einengenden Systemen auszusteigen können sich bloß wenige leisten, denn von irgendwas muss man ja leben. Aber innerhalb des Systems könnte man zumindest kleine Rückzugsinseln schaffen. So findet man sich selbst und die Lebensfreude wieder.

Diese Inseln können ganz unterschiedlich aussehen – ein Spaziergang im Wald, eine halbe Stunde mit einem guten Buch oder einfach eine Tasse Tee. Manchmal reicht es dazusitzen und sich bewusst zu machen, dass man unbedingt gewollt und geliebt ist von Gott. Sonst hätte er sich ja nicht die Mühe gemacht, einen zu erschaffen.

Vertrauen

Nicht, weil ich so stark wäre
nicht, weil ich auf meine Leistung setzen könnte
nicht, weil ich für alles eine Lösung hätte

sondern weil Du meine Kraft bist
weil Du durch mich wirken möchtest
weil Du den besten Überblick hast

habe ich keine Angst
finde ich Mut zum Handeln
möchte ich Neues wagen

Eigene Grenzen akzeptieren

Nein, ich kann keinen Marathon laufen und werde es auch nie können. Aber das muss ich gar nicht. Ich werde es ebenso wenig schaffen, die ganze Welt zu bereisen oder alle Sprachen zu lernen, die es gibt. Das will ich aber auch gar nicht. Mit zunehmendem Alter werden die körperlichen, äußeren Grenzen enger, aber das Innere wird weiter. Ich weiß mehr über mich, was ich kann und möchte und was nicht. Ich brauche nicht mehr überall mitzumachen. Wenn ich mich mit anderen vergleiche und ausschließlich auf das schaue, was nicht oder nicht mehr geht, werde ich unglücklich. Wenn ich aber meine eigenen Grenzen akzeptiere, dann vergeude ich keine Kraft damit, mich über mich selbst zu ärgern. Ich werde dankbar für all das, was ich bin, habe und kann. Und ich werde frei, um meine eigenen Ressourcen zu entdecken und zu entfalten. Jeder ist einzigartig und kann etwas besonders gut, sei es eine Sportart, ein Instrument spielen, singen, kochen, anderen zuhören, organisieren, anderen Mut machen oder helfen. Manchmal sind es ganz kleine unscheinbare Dinge, die aber einem selbst oder anderen viel Freude bereiten können. Und selbst, wenn ich einmal durch eine Krankheit ans Bett gefesselt bin – so schlimm das auch sein kann –

habe ich etwas, was viele Menschen heutzutage nicht haben: Zeit. Eine schwere Zeit, zugegeben, aber eine Zeit, in der allem Anschein zum Trotz viel wachsen und reifen kann, was dann zu gegebener Zeit reiche Frucht bringen kann. Aus eigener Erfahrung weiß ich, dass man dies in der akuten Krankheitsphase selten sehen kann, aber im Rückblick konnte ich so manches Mal feststellen, dass ich dadurch etwa das Lesen von Romanen neu für mich entdeckt habe und durch mein eigenes Leiden viel feinfühliger wurde für das Leiden anderer.

Vorsätze

Mir und dem Anderen
von Herzen vergeben
das lange Verschüttete
ausgraben und leben

Mittragen des Anderen
Freude und Last
abwerfen den eigenen
Seelenballast

Suchen mit Anderen
Sinn und das Glück
nach vorne schauen
und nicht zurück

Aufbrechen mit Anderen
aus altem Trott
ganz Neues wagen
gemeinsam mit Gott

Stadtpark im März

Vorbei das triste Wintergrau
die Welt knospt grün
die Luft ist lau

Die Weiden tragen
ihr Haar heut offen
die Müden
schauen auf und
hoffen…

Geduld

Kleine Knospe sei bereit
du wirst blühn
zur rechten Zeit

Heut noch nicht
keine Frage
du brauchst Geduld
und ein paar Tage

Doch dann
wirst du dich öffnen
sacht
und wirst erblühn
zu voller Pracht!

Blumenbeständigkeit

Ich finde es erstaunlich, dass Blumen sich überhaupt nicht beeindrucken lassen von politischen Krisen, gesellschaftlichen Umbrüchen oder schlechten Radionachrichten. Weder Unfälle noch Krankheit oder Liebeskummer bringen sie jemals aus dem Konzept. Sie wirken nicht mal deprimiert, wenn die Wirtschaft stagniert oder die Arbeitslosenzahlen steigen. Sie passen sich sogar an extreme Wettersituationen an.

Sie ziehen ihr Jahresprogramm durch, ohne sich aus der Ruhe bringen zu lassen. Also: keimen, wachsen, Knospen bilden, blühen, verblühen, Samen bilden, überwintern, auf den Frühling warten, keimen und so fort.

Sie kriegen keinen Burnout, da sie nicht versuchen, sofort aufzublühen, sondern sie warten ganz geduldig alle notwendigen Phasen ab, die dazu gehören – die entsprechende Jahreszeit, das passende Wetter, den Regen, den Sonnenschein. Und wenn im April noch Frost ist, obwohl Frühling angesagt war, dann warten sie eben noch ein wenig und bleiben nicht stur an ihrem Zeitplan kleben. Wenn in einem Jahr die Bedingungen nicht die besten waren, blühen sie bescheidener, um im Folgejahr zur vollen Pracht zurückzukehren. Sie sind offen für die Entwicklungen, die gerade dran sind, ohne wichtige Wachstumsphasen überspringen zu wollen. Und wenn die richtige Zeit da ist, dann blühen sie, in einer Pracht und Fülle, die atemberaubend ist. Ganz präsent, im Hier und Jetzt, leuchtend, stark.

Hoffnung

Die Hoffnung grünt schon aus dem Dunkeln
auch wenn der Wind noch kalt,
die Regentropfensterne funkeln
im Gras da unten und schon bald
wird das, was war
so schmerzlich schwer,
der schwarze Vorhang
leicht gehoben,
die Morgennebel lichten sich,
der Blick strahlt auf
nach oben.

Ostern ist nicht mehr weit

Die Frühjahrsmüdigkeit machte sich breit, die Arbeit wurde irgendwie nicht weniger und die Fastenvorsätze schienen in weite Ferne gerückt. Die Niedergeschlagenheit legte sich wie ein grauer Schleier auf mein Gemüt und machte dem bleiernen Nebel Konkurrenz. Der Baustellenlärm ging mir schon seit langem, aber an dem Tag besonders auf die Nerven und ich hatte zu gar nichts Kraft, geschweige denn Lust. Da fiel mein Blick zufällig auf den Kalender. Was, in knapp einer Woche sollte schon Palmsonntag sein? Meine eigenen Kraftreserven waren erschöpft, da war es irgendwie tröstlich für mich, dass ich mich wieder andocken konnte an die Traditionen und Rituale der Kirche und mich fallen lassen konnte in einen größeren Kontext, der meine kleine persönliche Welt überstieg und gleichzeitig weiten konnte. Wir müssen das Rad nicht jedes Mal neu erfinden, sondern dürfen das wieder neu entdecken, was uns hält und trägt.

Karwoche

Nicht alles im Leben ist österlich froh,
Vieles ist dunkel und schmerzlich und wo
Freunde versagen, manchmal auch ich,
scheint Ostern fern und eigentlich
sollte doch alles ganz anders sein!
Alles nur Trug?!
Und äußerer Schein?!

Das dachten auch damals vor 2000 Jahren
die Jünger Jesu, die bei ihm waren.
Es hieß doch, Gott sei so mächtig und nah!
Nun starb Er verlassen auf Golgota.
Man hörte nur einen verzweifelten Schrei,
dann Totenstille –
aus und vorbei!

Auch heute und hier gibt es viel Leid –
Morde und Gier, Angst, Traurigkeit,
Missbrauch von Macht, Krankheit, die quält,
nie endende Nacht, Schmerz, ungezählt.

Doch einen Moment,
die Geschichte geht weiter –
es blieb nicht bei Wunden,
Kreuz, Nägel, Eiter,
Leib, Salben, Leinen,
Grab, Nacht und Weinen.

Früh morgens, es war der dritte Tag,
kamen Frauen zum Grab,
in dem keiner mehr lag!
Dabei war der Stein vor dem Grab so schwer,
jetzt ist er weg und das Grab ist leer.
Kann es denn sein, dass ganz und gar
Unerhörtes geschah, ja, ist es denn wahr?
Kann es denn sowas überhaupt geben?

Ja, kann es. Ein Wunder.
Aus Tod wurde Leben.
Doch nun zurück zum Jetzt und Hier.
Steht das alles nur auf Papier?
Ist das pure Tradition
oder glaube ich es schon?

Schick ich mein Sehnen himmelwärts
oder bleibt zweifelnd leer mein Herz?
Kann ich an meinen Zweifeln zweifeln
ohne am Leiden zu verzweifeln?

Ich leg zur Seite meine Frage
und warte
bis zum dritten Tage.

Ostergedanken

Wenn ich es recht bedenke, dann ist Ostern der absolute Wendepunkt der Geschichte. Die Erfindung der Glühbirne, die erste Mondlandung, die erste Herztransplantation waren alles wichtige Meilensteine für die Menschheit. Doch bei allem Erfindergeist und bei aller Großartigkeit menschlicher Errungenschaften, hat der Mensch eines nicht geschafft: den Tod abzuschaffen. Es ist egal, wie genial ein Mensch ist, als Künstler, Forscher, Ingenieur oder Politiker, jeder muss irgendwann mal sterben und diese Welt verlassen.

Doch für Christen ist eben seit der Auferstehung Jesu der Tod nicht mehr Ende, sondern lediglich Übergang. Alles Leiden, aller Schmerz, alle Tränen vergehen, doch das Leben geht weiter, nur anders. Es wird verwandelt durch Gottes Liebe, wenn wir sie annehmen wollen. Das ist der stärkste Trost, den es gibt. Gleichzeitig ist es die größte Herausforderung, diese schier unbegreifliche Wahrheit zu begreifen und in den je persönlichen Alltag zu übersetzen.

„Jesus sagte zu ihr: Ich bin die Auferstehung und das Leben. Wer an mich glaubt, wird leben, auch wenn er stirbt.“ (Johannes 11,25)

Glamis Castle

Ich sitze oft auf meiner Terrasse und lerne von meinen Blumen. Ja, richtig, von meinen Blumen. Zum Beispiel erzählen mir meine Rosen, die meine Vormieter hier gepflanzt hatten, vom Leben. Es sind unterschiedliche Sorten, jede ist besonders in ihrer je eigenen Art. Zum Beispiel die rosafarbene Basilika, die beim ersten Sonnenstrahl im Frühling gleich in die Höhe schießt und kathedralengleich ihre spitzen gotischen Stacheln und ihre Knospen entfaltet. Sie ist robust, schießt locker 2 bis 3 Meter in die Höhe und versucht keck, den Balkon meiner Nachbarin hochzuheben.

Ganz anders ist ihre englische Verwandte, Glamis Castle. Zu ihr muss man sich hinunterbeugen. Sie ist klein und zierlich und dümpelt das ganze Jahr kränklich vor sich hin. Ihre Blätter werden öfters schwarzfleckig und fallen ab und schon mehrmals hatte ich gedacht, ich sollte sie begraben bzw. ausgraben, um dort etwas Neues zu pflanzen. Aber sie überrascht und freut mich immer wieder am meisten. Völlig unerwartet und scheinbar ganz klammheimlich, entwickelt sie kleine Knospen. Wenn man sie schon ganz abgeschrieben hatte, blüht sie auf mit einer

weißen Pracht, die einem schier den Atem verschlägt! Filigran und kunstvoll gestaltet, erinnern ihre Blütenblätter an ein Baiser Gebäck oder ein Brautkleid. Die Farbe ist ein herrlich leuchtendes Weiß und steht in krassem Gegensatz zu den oft schwarzen Blättern, die meistens abgefallen waren. Man steht vor ihr mit vor Staunen offenem Mund und einer Art Ehrfurcht. Solch eine Schönheit scheint aus einer anderen Welt zu stammen, die kein Mensch jemals von sich aus herstellen könnte. Und man schämt sich ein wenig, dass man die Rose schon abschreiben und wegwerfen wollte.

So ist das vielleicht auch mit manchen Menschen, die von Krankheit gezeichnet einen schweren Weg im Leben gehen. Viele haben sie abgeschrieben und sie sich selbst zeitweise unter Umständen auch. Doch von der Welt unbemerkt entwickeln diese Menschen eine innere, besondere Schönheit und Tiefe, die von unschätzbarem Wert ist! Und in unerwarteten Momenten strahlen sie auf in leuchtender wundervoller Schönheit und Weisheit, die alles Andere in den Schatten stellt.

Österliches Aufblühen

Pfirsichblüten über Nacht
die Zukunft blüht mit Farbenpracht.
Über der dürren Wintererde
blökt die bunte Tulpenherde.
Die Osterglocken läuten froh
die Blätter sprießen einfach so
als hätt's den Winter nie gegeben
rundherum nur Leben! Leben!
Schnee von gestern sind die Sorgen
aufgelöst im Traum vom Morgen.
Magnolienrosig der Augenblick
die Kirschen blühen weiß vor Glück.
Ein Heißluftballon zieht vorbei
wie ein Riesenosterei.
Gedanken, die gen Himmel schweben
Auferstehung. Ostern eben.

Frühlingsfreude

Gedichte lesen
unter Pfirsichbäumen,
Gedanken schweifen lassen,
träumen,
das Schwere kurz einmal vergessen,
hoffnungsgrünen Schnittlauch essen,
eine neue Sicht gewinnen,
genießen mit den Frühlingssinnen.

MorgendichterEi

Gegen AlltagsEInerlEI
hilft EIn frisches FrühstücksEI
täglich neues Auf(er)stehen
österliches HEIlsgeschehen
Sorgen an die SEIte legen
erstmal Frühstücksbrot belegen
das Gestern war EIn Alltagshuhn
doch nun hat es EIn EI gelegt
in dem EIn neuer Tag sich regt.

Plötzlich bricht des Alltags Schale
und es ruft mit EInem Male
aus dem Inneren heraus:
Die Alltagsmühle fällt heut aus
den täglich Trott
verwandelt Gott
mit sEIner Fantasie
in nie
erhoffte nie gedachte
Freudenaugenblicke
für Ihn ist alles möglich
Er lEItet die Geschicke!

Sieh es schlüpft und
fröhlich hüpft
das gestern Ungeahnte
das Alltagswunder
das sich nun
den Weg
nach draußen
bahnte

Im Dunkeln

Vor einigen Jahren schenkte mir eine Freundin eine Amaryllis zum Geburtstag. Sie sagte, im Winter solle ich sie in den Keller stellen und sie vergessen. Dann würde sie im Frühjahr wieder blühen. Also stellte ich sie im Dezember in den Keller und vergaß sie. Wirklich. Als ich im Juni umziehen musste, ging ich in den Keller, um ihn auszuräumen. Und da fiel sie mir ins Auge. Ach, die Amaryllis! Ich hatte sie völlig vergessen und seit Dezember nicht mehr gegossen! Doch zu meinem großen Erstaunen waren ihre Blätter grün und ein langer Stiel ragte empor, an dem eine Knospe zu sehen war! Trotz (oder wegen?) meiner schlechten Pflege hatte die Pflanze überlebt und mehr noch, bereitete sich auf das Blühen vor. Manchmal sprießen Dinge im Dunkeln, die wir gar nicht ahnen, ganz ohne unser Zutun. Als ich in der neuen Wohnung ankam, blühte die Amaryllis in prächtigem Rot auf – ein Geschenk zum Einzug, unverdient, einfach so. Freude blüht manchmal auf, wenn man es am wenigsten erwartet.

Glücksrad

Neulich war ich einkaufen. Aber an dem Tag war irgendein Jubiläum und es wurden dort verschiedene Aktionen veranstaltet. Ich war, wie so oft, in Eile und hatte noch so viel zu tun, dass ich förmlich am Rad drehte. Da sprach mich eine junge Mitarbeiterin vor dem Laden fröhlich an, ob ich nicht am Glücksrad drehen wollte. Erst jetzt sah ich es: eine bunte Scheibe mit unterschiedlich markierten Sektoren. Man könne was gewinnen, fügte sie gleich hinzu, als sie mein Zögern sah und lächelte mich freundlich an. Naja, soviel Zeit hatte ich schon, dachte ich und drehte die Scheibe. Der Zeiger blieb auf einem grünen Feld stehen. Ich gewann tatsächlich einen Apfel und musste schmunzeln. Vielleicht ist es in unserem Alltag öfters so, dass wir vor lauter Aufgaben mit Scheuklappen durch den Tag hetzen und nicht nach links oder rechts schauen. Dabei reicht es, mal kurz stehen zu bleiben und dann wird man von einem Glücksmoment überrascht. Gott hält an jedem Tag das ein oder andere kleine Geschenk für uns bereit – dachte ich, während ich in den Apfel biss. Und es heißt ja: „An apple a day keeps the doctor away." Kleine Freudenmomente sind wie Vitamine für unsere Seele.

"Freut euch im Herrn zu jeder Zeit!
Noch einmal sage ich: Freut euch!"

(Philipper 4,4)

Sommerfülle

Sommerferien

Endlich! Nach vielen anstrengenden Wochen ist die lang ersehnte Zeit da: Sommerferien. Nicht nur die Kinder oder Lehrer können nun aufatmen, auch in vielen Betrieben oder Behörden nehmen die Mitarbeiter einen wohl verdienten Urlaub. Doch manchen fällt es schwer, einen Gang herunterzuschalten und sie verplanen jeden freien Tag mit irgendwelchen Aktivitäten. So schön es ist, mal etwas Anderes machen oder sehen zu können, dies sollte nicht in Freizeitstress ausarten. Vielmehr sollte man sich, so paradox es klingt, Zeit für Ungeplantes einplanen. Zeiten, in denen man nichts machen muss, sondern einfach sein darf, die Seele baumeln lassen kann, ohne auf die Uhr zu schauen. Das ist ungemein befreiend. Und es ist nicht nötig, immer wegzufahren, um Urlaub zu machen. Man kann auch das Gewohnte mit Urlaubsaugen sehen und Neues entdecken.

Taglilie

Sie blüht nur einen Tag
doch sie setzt ihre ganze Kraft ein
um diesem Tag
ihre ganze Schönheit zu schenken
ohne ans Morgen zu denken

Ganz nahe

Ich muss nicht weit fahren
um Glück zu erfahren
ich bin
Gott auch
ich spüre ihn wie einen Hauch
voll Leichtigkeit und tiefem Glück
in mir vom Paradies
ein Stück

Montagmorgen im Paradies

Ja, ich war am Montagmorgen im Paradies, nein, nicht in dem von Adam und Eva. Ich war in Maulbronn in Baden-Württemberg. Dessen Kloster gehört zum Welterbe der UNESCO. Die Vorhalle der Klosterkirche, zählt zu den schönsten Bauten der Frühgotik und wird „Paradies“ genannt. In der Hitze des Hochsommers war die Kühle des Klosters für mich geradezu paradiesisch. Und es tat gut, mal der Hektik der modernen Welt bei einer Führung durch das Kloster zu entfliehen. Die alten Räume atmen Geschichte und sind doch voller Leben. Tradition und Moderne schließen sich nicht aus, im Gegenteil. Über die Jahrhunderte hinweg war die Klosterschule ein pulsierender Ort der Bildung. Zu den illustren Klosterschülern gehört etwa Johannes Kepler, der berühmte Mathematiker und Astronom. Aber auch in der heutigen Zeit wohnen und lernen dort junge Menschen, denn es ist der Ort des evangelischen Seminars.

Klöster sind auch heute Oasen der Stille in einer lauten Welt und Zeugnisse des Glaubens. Mit ihrer stummen Eloquenz erzählen sie von der Beziehung zwischen Gott und den Menschen, damals wie heute. Wenn man sich Zeit nimmt und offen ist für ihre leise Stimme, dann kann man sie hören – und staunen.

Freude

Ich freue mich
am tiefen Sinn
das ist für mich
Glück und Gewinn

Ich freue mich
am Sang und Sing
der Amsel
und am Schmetterling

Ich freue mich
trotz Alltagspflicht
und schreibe fröhlich
ein Gedicht

Flügelleichte Träume

Was ich am Sommer liebe, sind Schmetterlinge. Ihre Leichtigkeit beflügelt mich, ich staune, wie sie fast schwerelos umherflattern, von Blüte zu Blüte fliegen, scheinbar sorglos. Doch auch sie waren einmal Raupen, die mühsam am Boden krochen, keinen weiteren Horizont kannten als das nächste Blatt, das sie fressen wollten. Hätte jemand einer solchen haarigen Raupe gesagt, dass sie eines Tages durch die Landschaft fliegen würde, hätte er nur Gelächter geerntet. Fliegen? Sehr witzig! Und sie hätte sich wieder ihrem Blatt zugewandt.

Sind wir nicht manchmal auch solche Raupen? Nur auf das Nächstliegende konzentriert, manchmal geradezu verbissen in unseren Alltag, an dem wir schwer zu knabbern haben. Dabei reicht es, ab und zu den Blick zu heben, anstatt den Kopf hängen zu lassen. Wenn wir einen kurzen Blick nach oben werfen, wenn wir die Augen haben ihn zu sehen, erahnen wir den weiten Horizont. Das heißt nicht, dass wir gleich fliegen könnten. Der Weg von einer Raupe zum Schmetterling ist lang und mühsam, doch allein das Wahrnehmen dieser zukünftigen Möglichkeit kann uns im Hier und Jetzt neue Flügel verleihen.

Schmetterling

Die Blätter
wiegen sich im Wind
ein einzelnes Blatt zittert
auf dem ein kleiner Schmetterling
die Flügel streckt
noch ganz zerknittert.

Mit Staunen
merkt er
dass er lebt -
als er sich
himmelwärts
erhebt.

An meinem Kühlschrank

Ich liebe Postkarten, vor allem Spruchpostkarten und Magnete! Sie hängen bei mir am Kühlschrank und ich kann beim Frühstück schon meinen Blick schweifen lassen in die ganze Welt und in die Welt der Worte. Jede Karte hat ihre eigene Geschichte oder ist mit einem besonderen Menschen verbunden.

Ein Spruch besagt, man soll sich nicht über holprige Straßen ärgern, sondern die Reise genießen. Und ich genieße meine Frühstücksreisen. Meine Gedanken wandern nach Santiago de Compostela auf den Spuren eines guten Freundes oder fliegen nach Australien. Von dort stammt auch der kleine magnetische Bumerang, der die Karte hält. Er erinnert mich an die Freude, dass auch diese Freundschaft nach so vielen Jahren noch hält. In der Mitte hängt ein bunter Gartentisch samt passendem Stuhl. Diese Gartenidylle erinnert mich daran, immer wieder mal innezuhalten, mich auszuruhen von den Strapazen des Alltags. Mein Vater hat mal gewitzelt, ich bräuchte einen größeren Kühlschrank, um mehr Platz zu haben für meine Karten. Ja, das ist Nahrung für meine Seele.

Und wenn die Arbeit wieder mal zu große Schatten auf mein Leben wirft, hilft mir eine Prise Humor von einer Karte: „Ich habe einen tollen Job, nur die Arbeit nervt." Darüber zwinkert mir der englische Spruch von einem Magneten zu, der übersetzt heißt: „Ich mag Arbeit, sie fasziniert mich, ich kann mich hinsetzen und sie stundenlang anschauen." So wie ich auch diese Kühlschrankweisheiten und Bilder stundenlang anschauen kann, um mich zu erholen. Und wenn ich dann doch wieder an die Arbeit muss, sagt mir der rote Magnet: „Keep calm and carry on." Also: „Ruhig bleiben und weitermachen."

Wolkenfreude

Wolken beobachten
mit ihren fantastischen Formen
ein Pinguin beim Rückenschwimmen
eine Eiskugel, ein Schäfchen
ein springender Elch
Knollennasenmännchen
und ein Kaffeekännchen
mögliche Unmöglichkeiten
alles ist da
wage nur den Blick zu heben
und freue dich an der wolkigen Fülle

Jeden Tag annehmen

Neulich fielen mir ein paar alte Fotos von meinem Englandjahr in die Hände. Ich hatte dort während meines Studiums englische Literatur studiert. Es war eine sehr prägende Zeit für mich, denn es war das erste Mal, dass ich längere Zeit von meiner Familie getrennt und alleine auf mich gestellt war. Ich habe in einem Studentenwohnheim gewohnt und ich möchte diese Erfahrung nicht missen, mit all ihren Licht- und Schattenseiten.

Auf meinem Stockwerk wohnten Studentinnen aus aller Welt, etwa aus Japan, den USA, Ungarn, Belgien oder Israel. Wir studierten alle unterschiedliche Fächer. Vor allem studierten wir aber das Leben im täglichen Miteinander. Menschen sind unterschiedlich und so war es nicht immer leicht, mit den Schwächen der anderen und auch mit seinen eigenen klarzukommen. Vor allem in Stresszeiten kurz vor Abgabefristen oder Prüfungen stapelte sich in der gemeinsamen Küche das schmutzige Geschirr oder man war auch mal etwas schlecht gelaunt.
Da hatte mich eine Frau besonders beeindruckt. Es war die englische Putzfrau, die regelmäßig die Studentenwohnheime reinigte. Den Namen dieser, wie man sagte,

„cleaning lady" kannte ich nicht oder zumindest kann ich mich heute nicht mehr daran erinnern. Aber was mich bis heute fasziniert, wenn ich an sie denke, war ihre unglaublich freundliche und geduldige Art. Es war sicher nicht gerade eine dankbare Aufgabe, unseren Dreck säubern zu müssen und das Gehalt war vermutlich auch nicht gerade üppig, um damit ihre Familie durchzubringen. Doch diese cleaning lady war immer gut gelaunt und hatte oft ein fröhliches Lied auf ihren Lippen. In all dem ganzen Jahr habe ich sie nicht ein einziges Mal schlecht gelaunt erlebt. Am Ende hielt ich es nicht mehr aus vor Neugier und fragte sie direkt nach ihrem Geheimnis. Wie schaffte sie es, immer so fröhlich zu sein? Sie schaute mich kurz erstaunt an, lachte und dann sagte sie einen Satz, der mir bis heute im Gedächtnis geblieben ist: „Take each day as it comes!" (Nimm jeden Tag, wie er kommt!) Man solle also jeden Tag so annehmen, wie er eben kommt, mit all seinen guten oder auch schlechten Seiten. Man solle sich nicht zu sehr von den Schattenseiten unterkriegen lassen, denn es käme dann ja wieder ein neuer Tag. Was so einfach klingt, ist gar nicht so leicht zu bewerkstelligen, aber immer, wenn ich denke, es geht nicht mehr, denke ich an diese tiefe Weisheit dieser einfachen Frau, die mich an jenem Tag mehr gelehrt hatte als der Professor in der Vorlesung. Take each day as it comes!

Seelennahrung

Ein Grashüpfer
auf meinem Teller
ich lache und
die Welt wird heller.

Ich lausche
mit gespannter Miene,
gibt er ein Konzert
mit grüner Violine?

Der Mensch lebt nicht
von Brot allein,
Sommermusik
muss auch mal sein.

Die Zuwendung der Rose

Es war ein heißer Sommer und meine Rosen schossen auf der Terrasse in die Höhe: Die rosafarbene Basilika, die goldene Gloria Dei und eine namenlose Rose in herrlichem Purpurrot. Sie wuchsen so schnell, dass sie mir bald über den Kopf wuchsen. Einige wurden 2 Meter hoch oder noch höher. Sie wuchsen zum Licht, doch das bedeutete, dass sie sich alle von mir abwandten, wenn ich auf der Terrasse saß. Es waren 9 rote Rosen und ich war schon enttäuscht, dass sie mir alle den Rücken zuwandten, wenn man bei einer Rose von einem Rücken sprechen kann.

Doch dann wuchs eine zehnte Knospe heran und zu meiner Überraschung war sie anders als die anderen. Sie wuchs in die entgegengesetzte Richtung, zu mir hin! Und als sie sich öffnete, blickte sie mir gerade ins Gesicht und lächelte mir zu. Wenn ich morgens im Bett lag und zum Terrassenfenster hinausschaute, begrüßte sie mich mit ihrem Rosenlächeln und war mir ganz zugewandt.

Manches kann man nicht machen und ob sich manche Rosen oder auch Menschen uns zuwenden, können wir meist nicht beeinflussen. Doch manchmal wird uns etwas geschenkt, ohne dass wir danach gefragt oder auch nur daran gedacht hätten. Dann dürfen wir das Geschenk annehmen und uns freuen.

Rosenduft

Ein wunderbarer Rosenduft
durchwebt die laue Sommerluft
er lässt die Dornen uns vergessen
und all die Dinge, die uns stressen.

Er ist so leicht, so sanft, so zart
entschädigt uns für das, was hart
und ungerecht uns oft erscheint
in dieser Welt, die manchmal weint.

Den Wert der Schönheit
wir meist schätzen
mitten in Dornen
die verletzen.

Halten wir durch
denn Hartes bricht
doch Rosenluft
birgt Himmelslicht.

Was wäre wenn?

Was wäre, wenn man Sonnenstrahlen sammeln könnte, einfach so wie Pilze oder Äpfel? Und wenn man sie dann einmachen würde für den Winter, in Gläser füllen oder trocknen und dann als Sonnenstrahlenchips in eine Tüte oder eine Kiste packen würde? Es gibt ja so viel davon in den heißen Sommermonaten, fast zu viel manchmal.

Dann könnte man sie an einem kalten November- oder Januarabend rausholen und sich daran wärmen und erfreuen. Ach, wie schön wäre das! Knusprig fein, so ein Sonnenstrahl, eine Nascherei für die Seele. Vielleicht kann man es tatsächlich, naja, zumindest so ungefähr. Indem man die Sonnenstunden im Sommer in Worte packt, die warmen Gefühle und Gedanken tief in die Seele eindringen lässt, um sie zu speichern für dunkle Tage.

Sommer sammeln

Ein heißer Wind mich wiegt
und mein Bleistift liegt
sommerträge, hitzesatt
auf dem rosa Rosenblatt
schwüle Luft, Rosenduft
ein Tag
der nach der Kühle ruft
doch dankbar nehm ich Wärme auf
denn im Jahreszeitenlauf
bleibt es nicht, ein Sommerland
und wenn der Nebelberge Wand
verdunkelt dann das Tageslicht
dann schick ich dir
dies Sonnenlicht
das ich gesammelt hab im Wort,
möge es dich wärmen
an jedem Ort

Der einzige Pfirsich

An meinem vorherigen Wohnort gab es am Haus einen Garten mit einem Pfirsichbaum, unter dem ich gerne saß. Umgeben von der Natur konnte ich meinen Gedanken nachgehen, das Blühen und Reifen beobachten und wurde dort zu neuen Texten inspiriert. Als ich umziehen musste, fehlte mir mein Lieblingsbaum. So beschlossen zwei Freundinnen von mir, mir für meine Terrasse der neuen Wohnung einen kleinen Pfirsichbaum zu schenken. Was für eine Freude! So hatte ich einen neuen Begleiter, der im Frühjahr wunderschön rosafarben blühte und dann tatsächlich auch einige Früchte hatte.

In diesem Jahr wurde es im Frühjahr schon schnell sonnig und warm, so dass die Blüten sich früh hinauswagten. Leider kam dann plötzlich und unerwartet starker Frost über Nacht und das hatte für das Bäumchen negative Auswirkungen. Es bildete zwar einige Früchte, aber sie konnten sich nicht entwickeln. Eine nach der anderen fielen sie herunter und waren gerade mal im Heidelbeerformat. Wie schade, dachte ich und trauerte den verlorenen Früchten nach. Keine Früchte würde es dieses Jahr geben! Doch später zeigte sich, dass es doch einen Pfirsich gab, der den Frost überlebt hatte und weiterwuchs! Ihm machten die

weiteren Wetterkapriolen wohl nichts aus und er entwickelte sich prächtig. Und da das Bäumchen nicht ein Dutzend Früchte versorgen musste, steckte es all seine Energie in diesen einen. Und er wurde so süß, samtig und saftig wie sonst kein Pfirsich zuvor! Ich pflückte ihn am 26. Juli, meinem Namenstag, zu Ehren der Heiligen Anna. In der Tradition der Kirche war sie die Großmutter Jesu.

Manchmal kommen auch in unserem Leben besondere Herausforderungen, Schicksalsschläge oder Verluste, die uns am Sinn zweifeln oder uns schier verzweifeln lassen. Auf das Wetter oder die äußeren Geschehnisse haben wir meist keinen Einfluss und können sie weder verhindern noch rückgängig machen. Sie fordern uns heraus, sie zu (er)tragen und mit ihnen zurechtzukommen – ob wir wollen oder nicht. Doch manchmal schenkt uns Gott ein kleines Zeichen zum Trost, schenkt Wachstum an einer Stelle, die wir nicht erwartet hätten. Und auch wenn unsere Kräfte, etwa durch eine Krankheit, sehr begrenzt sind und wir nicht wie gewohnt die vielen Aufgaben bewältigen können, kann dies eine Chance sein. Eine Chance, uns nicht in vielerlei Dingen zu verlieren. Stattdessen können wir uns auf eine Aufgabe konzentrieren, die wir so gut zu machen versuchen, wie wir es eben können. Und mit Gottes Hilfe kann daraus eine erstaunlich herrliche Frucht entstehen, die wir nicht mal ahnen konnten.

Spätsommer

Die Nebel werden dichter
die Sommerbäume lichter
die Blätter segeln sanft hinunter
die Gärten werden täglich bunter.
Die letzten Bienen summen warm
ein Kind streckt fröhlich seinen Arm
der Sonnenblume hoch entgegen
der Sommerblumenfarbe wegen.
Ein roter Teppich ihm zu Füßen
Herr Sommer lässt Herrn Herbst nun grüßen.
Bald sind die beiden dann per Du
und nicken sich ganz freundlich zu.

Im Gemüseladen

Der Nachmittag ging zu Ende und die letzten Kunden huschten noch schnell durch den Bioladen. Es war Samstag und sie mussten für das Wochenende vorsorgen, also drängten sich die Späteinkäufer an den Kühlregalen und der Gemüsewaage. Als die Leute nach und nach den Laden verließen, verschloss die Besitzerin die Türen. Die Abendsonne schien durch die Fensterscheiben und tauchte das Gemüseregal in ein sanftes Gold. Es war ganz still. Plötzlich konnte man ein leises Rascheln vernehmen in dem Karton, in dem die Zwiebeln lagen, dann auch im Karottenfach. Es war wie ein verhaltenes Murmeln. Und einige Augenblicke später tönte es von überall her: Rhabarber, Rhabarber, Rhabarber. Dann erhob sich der Rhabarber und sprach: „Es ist wieder soweit, es ist Wochenende und damit liegt die Herrschaft dieses Ladens in unseren Händen, äh, ich meine, in unseren Schalen." Die Erbsen kicherten und kullerten mit den Augen. „Und ich würde vorschlagen," fuhr der Rhabarber fort, „wir wählen einen Vertreter, der uns am würdigsten erscheint." „Du meinst wohl, wir sollen alle dich wählen, bloß weil du groß und schlank bist und angeblich den besten Überblick hast?!" warf eine Zitrone ein. „Jetzt sei du nicht gleich wieder so sauer!“ meinte der Rhabarber beschwichtigend. Die Honigmelone rollte ein wenig näher und gab zu bedenken, dass es doch wichtig sei, dass alles rund liefe. Die Heidelbeeren nickten zustimmend. Auch von den Kohlköpfen gab es Applaus. Doch der Spargel betonte, nur ein aufrechter Charakter könne die Anderen würdig vertreten, und streckte sich noch ein wenig in die Höhe. Die Karotten stellten sich in Reih und Glied, um zu schauen, welche von ihnen denn die größte sei. Da drängte sich der Brokkoli in die Mitte, räusperte sich, strich sich durch den Wuschelkopf und erhob das Wort: „Liebes Obst und Gemüse, lasst uns doch einfach abstimmen, dann sehen wir, wer die Mehrheit der Stimmen bekommt.“ Es musste natürlich alles demokratisch zugehen und so wurde zunächst darüber gestritten, wer die Wahlhelfer sein sollten. „Ich will Wahlhelferin sein!“ rief die Tomate. „Was, du? Du liegst doch immer bloß faul herum!“ zischten die Chilis scharf. „Gar nicht wahr!“ wehrte sich die Tomate und rief rot an vor Wut. Schließlich wurden die Kartoffeln aufgrund ihrer Bodenständigkeit und ihrer Anzahl zu Wahlhelfern gewählt, denn die Obst- und Gemüseabteilung war recht groß und für das Auszählen der Stimmen waren viele Helfer nötig. Die Zwiebeln sollten einen Teil ihrer Schalen als Wahlzettel spenden, es waren aber nicht alle dazu bereit und es gab ein paar Tränen. Dann gab es Rangeleien, ob die Ba-

nanen als Ausländer überhaupt zur Wahl zugelassen waren. Das Gleiche galt für die Avocados, die Kokosnuss und die Ananas. Entrüstet wollten schon einige aufeinander losgehen, da konnte die Zuckerschote noch rechtzeitig eingreifen und für Ruhe sorgen. „Jetzt mal langsam, nur nicht die Nerven verlieren!" mahnte sie. Schließlich einigte man sich, dass alle wählen und alle gewählt werden konnten, auch die Babykarotten und das junge Gemüse. Also füllten alle die Wahlzettel aus und legten sie in einen großen Karton. Das dauerte mehrere Stunden. Und die Stimmzettel mussten dann noch alle ausgezählt werden. Die Kartoffeln rollten fleißig umher, aber es ging dennoch sehr langsam voran und das Ganze dauerte letztendlich die ganze Nacht. Als am Sonntagmorgen das Ergebnis feierlich verkündet werden sollte, stellte sich heraus, dass es keinen eindeutigen Sieger gab. Böse Zungen behaupteten, jeder hätte sich selbst gewählt, so konnte das ja nichts werden! Also musste ein zweiter Wahlgang durchgeführt werden. Die Erdbeeren versuchten Koalitionspartner zu finden, der Lauch blinzelte zum Spinat rüber und die Brombeeren tuschelten mit den Heidelbeeren. Dies dauerte wiederum Stunden und dann endlich wurde der zweite Wahlgang durchgeführt. Mittlerweile war es Sonntagabend. Zwischendurch gab es Geschrei, weil den Kartoffeln Wahlfälschung unterstellt wurde. Daraufhin wurden ihnen die Spargel an die Seite gestellt, die alles überwachen sollten. Die Stimmen wurden alle noch einmal genau gezählt und dies dauerte die ganze Nacht. Müde aber doch zufrieden wollten die Wahlhelfer dann das Wahlergebnis verkünden, als die Türglocke des Bioladens läutete. Sie hatten die Zeit völlig außer Acht gelassen. Jetzt war es schon Montag, 9 Uhr und der erste Kunde kam zur Tür herein. Alles verstummte plötzlich und hielt den Atem an. Der junge Mann schaute sich kurz um und griff dann in die Gemüsetheke. Er füllte drei Kilogramm Kartoffeln in seinen Beutel und nahm anschließend noch sämtliche Spargel mit, die da lagen. Das durfte doch wohl nicht wahr sein! Jetzt würden sie nie erfahren, wer der Wahlsieger war! Gleich danach kam eine ältere Frau in den Laden und meinte fröhlich zur blonden Kassiererin, die gerade ein paar Kartons umräumte: „Guten Morgen! Heut mache ich eine Gemüsesuppe und zum Nachtisch einen Obstsalat!" Dann nahm sie von allen Obst- und Gemüsesorten jeweils etwas und freute sich über die Vielfalt.

„Es gibt verschiedene Gnadengaben, aber nur den einen Geist." (1. Korinther 12,4)

„Auch der Leib besteht nicht nur aus einem Glied, sondern aus vielen Gliedern."
(1. Korinther 12,14)

Herbsthoffnung

Abschied vom Sommer

Die heißen Tage und warmen Nächte gehen nun zu Ende. Der Morgen riecht nach Herbst und der Wind ist kühl. Ich möchte die Wärme des Sommers gerne noch im Herzen für den Winter speichern. Wo vor kurzem noch das Getreide in der glühenden Hitze reifte, betrachte ich die goldenen Stoppelfelder, die mich an meine Kindheit erinnern. Damals bin ich mit einer Freundin voller Freude durch die Stoppelfelder gelaufen, laut lachend, nachdem wir auf ihren Ponys ausgeritten sind. Erinnerungen, die mit dem Sommer verbunden sind, können einem an kalten Herbstabenden wieder ein wenig Wärme und Leichtigkeit schenken. Es kann helfen, in einem Sommertagebuch ein paar Stichworte und Eindrücke zu notieren. Es ist wie Holz hacken für den Winter. Und ich freue mich auch auf die Farbenpracht des Herbstes, mit dem er uns für die zunehmende Kühle entschädigt.

Septemberlich(t)

Die Sonne scheint, es regnet Blätter –
ich liebe dieses Frühherbstwetter!

Die Äste werden frisch geföhnt,
die Baumfrisuren leicht getönt.

Die Käfer spielen Grashalmblues,
die Omas machen Apfelmus.

Es ist recht windig aber warm,
die Welt strahlt im Septembercharme.

Blütenregen

Ich konnte meinen Augen nicht trauen. Auf einem grünen Rosenblatt sah ich plötzlich eine winzig kleine gelbe Blüte. Mittendrin. Und auf einem anderen eine lilafarbene. Es war, als hätte jemand meine Blätter dekoriert, weil das Grün allein zu eintönig schien. Die Rosen selbst blühten nämlich gerade nicht. Dann sah ich genauer hin. Die Blüten wuchsen dort nicht, sie lagen einfach da. Woher kamen sie denn? Ich hatte noch nie davon gehört, dass sich Rosen mit fremden Blüten schmücken. Aber warum eigentlich nicht? Auch Rosen wollen vielleicht mal ein gepunktetes Kleid tragen. Eine Windböe brachte dann die Lösung des Rätsels. Von oben regnete es auf einmal kleine bunte Blüten. Die Nachbarin aus dem oberen Stock hatte auf ihrem Balkon Blumenkästen angebracht. Und die Rosen freuten sich über ein neues schickes Blütenkleid.

„Jede gute Gabe und jedes vollkommene Geschenk kommt von oben herab, vom Vater der Gestirne.“
(Jakobus 1,17)

Goldener Oktober

Warm ist das Oktoberwetter
man kann noch draußen sitzen
es regnet Rosenblütenblätter
man lacht zu Nachbars Witzen.

Die Winterreifen sind bestellt
denn Winter soll es geben
auch wenn man dies nicht wirklich glaubt
bei diesem Wetter eben.

Ja, alles hat wohl seine Zeit
das Jahr dreht sich schon weiter
doch das Novembergrau scheint weit
heut ist es bunt und heiter.

Mach mal Pause!

Ich hatte es sehr eilig, wie so oft. Schnell noch zum Briefkasten, um einen Brief einzuwerfen. Zuhause wartete schon wieder eine volle To-do-Liste. Doch als ich auf dem Weg war, stolperte ich fast über eine kleine Schnecke, die in aller Ruhe, mitten auf dem Fußweg, vorwärts kroch. Ich konnte gerade noch meinen Fuß etwas weiter nach links setzen, damit ich sie nicht zertrat. Ich hielt an und beugte mich zu ihr hinunter, halb eine Entschuldigung murmelnd, dass ich sie fast zertreten hätte in meiner Eile. Die Schnecke sagte nichts, denn was sollte sie schon dazu sagen? Aber als ich schon so weit unten war, nahm ich mir kurz Zeit, sie zu betrachten in ihrer zerbrechlichen, filigranen Schönheit. Das elegant gebogene Schneckenhaus war in Gelbtönen angestrichen. Der weiche graue Körper schob sich lautlos nach vorne. Die feinen Fühler, welch ein Kunstwerk!

Ich stand auf und ging wieder weiter, aber ein wenig langsamer, nachdenklicher, dankbar für diese unerwartete Begegnung. Wie wunderbar sind die unzähligen kleinen Kunstwerke der Natur! Ich möchte in meinem täglichen Lauf gerne öfter kurz anhalten, um sie zu sehen und mich an ihnen erfreuen zu können. Danke, kleine Schnecke!

Oktoberglanz

Die Sonne zieht
der Vögel Flug nach Süden,
ein letzter Hauch von Sonnenherbst
belebt heute die Müden.

Ich halte lächelnd mein Gesicht
dem Sonnenglanz entgegen
und tanke Wärme
Freude
Licht
Gelassenheit
und Segen.

Nach innen schauen

Die bunten Herbstfarben um mich herum inspirieren mich, auch in meinem Inneren nach Farbe zu suchen. Gerade an Tagen, an denen es mir etwas düster zumute ist, fühlt es sich an, als habe sich meine Seele einen Schnupfen eingefangen. Dann möchte ich das strahlende Gelb des Ahorns aufsammeln und damit mein Gemüt neu ausmalen.

Die Herbstzeit ist auch eine Zeit der Reifung. Die Äpfel und Birnen hängen an den Bäumen und brauchen zur Reifung sowohl Sonne als auch Regen. Auch wir könnten dauernde Sonne und dauerndes Glück nicht ertragen. Wir würden uns daran gewöhnen und abstumpfen. Vielleicht würden wir auch oberflächlich werden, nur im Äußeren verhaftet sein und unseren Selbstwert von der Bestätigung von außen herleiten. Aber dies würde den Stürmen des Lebens, die jeder früher oder später mal erlebt, nicht standhalten. Deshalb ist die Herbstzeit ganz wichtig, um unsere Wurzeln tiefer wachsen zu lassen, nach innen zu schauen und das Fundament unseres Lebens neu zu festigen. Ich nehme mir bewusst Zeit, um wieder neu auf Gott zu hören, zu beten oder mal wieder in der Bibel zu lesen.

Herbstfarben

Der Wein hängt an den Reben
und reift in Dunkelblau,
herbstbunt wird nun das Leben,
orange, nussbräunlich – schau!

Ein Maler über Nacht
all das, was blass und alt
mit neuer Farbenpracht
hat freudig übermalt.

Was einst die Sommerglut
hat allzu sehr verblichen,
wird jetzt mit frischem Mut
knallgelb und rot gestrichen.

Oktobergedanken

Die krähenden Krähen
sind kaum zu sehen,
doch hören, hören
kann man sie oft.

Der Eiswind kreist
und kreist über Feldern
und plötzlich ist Herbst
und bleibt unverhofft.

Nun ruft die Zeit
von draußen nach drinnen,
das innere Reifen
kann neu beginnen.

Novemberlich

An manchen Tagen fühlt man sich
wie soll ich sagen –
hm, novemberlich!
Das Grau liegt müd und schwer im Nacken
die Stiefel tief im Matsch versacken.
Den Regenschirm hat man vergessen
und friert durchnässt infolgedessen.
Der Zweifel weht im Sturm umher
die Seele wird unendlich schwer.
„Gott ist
wenn überhaupt Er ist
verreist, ganz weit –
nur dass ihr's wisst!"
So flüstern überall die Blätter
und murren raschelnd übers Wetter.
„Den Frühling wird es nie mehr geben!"
krähn die Raben.

Eben, eben!
Die Wolken sind ganz schwarz gestrichen
mit fürchterlichen Pinselstrichen.

Doch plötzlich
huscht von irgendwo
der Hoffnungsvogel
einfach so
vorbei
und legt ein Ei.
Darauf ein Schild zu lesen steht:
„Das Dunkel kommt,
das Dunkel geht.“
Die Zwischenzeit geht mal vorbei
und dann schlüpft Freude aus dem Ei.
Der Frühling ist schon
vorbestellt, das ist halt so
auf dieser Welt.

Nahrung für Körper und Seele

Sie sah ihn bei der Hochzeit einer Freundin. Es war ihr nicht nach Gesellschaft zumute. Es war ihr schwer ums Herz. Also schlenderte sie durch den Garten, versunken in ihren Gedanken. Da sah sie ihn dann plötzlich neben einem Baum. Er stand ein wenig abseits und schaute in die Ferne. Er war recht klein und hatte schon graues Haar, aber sein Blick wirkte ein wenig schelmisch und sehr lebendig. Sie kamen ins Gespräch, zunächst über Belangloses, das Wetter und den Garten, aber irgendwie tat es gut, vom eigenen Grübeln abgelenkt zu sein. Als würde er ihre Gedanken lesen können, fragte er plötzlich: „Wissen Sie, was in Krisenzeiten ganz wichtig ist?“ Sie schaute ihn erstaunt an. „Was denn?“ Zu ihrer Überraschung sagte er: „Es ist ganz wichtig, gut zu essen.“ „Zu essen?!“, fragte sie verständnislos. „Ja“, führte er weiter aus, „wenn wir uns zu sehr auf ein Problem konzentrieren, nehmen wir alles andere gar nicht mehr wahr, auch uns selbst nicht. Da ist es wichtig, etwas Gesundes zu essen, dann hat der Körper auch die Energie, mit dem Problem zurechtzukommen.“ Bevor sie etwas sagen konnte, zupfte er sie lächelnd am Ärmel und zeigte in Richtung Büffet. „Kommen Sie, ich lade Sie zu einem Fisch ein.“ Sie lachte und nahm sein Angebot an.

Novemberzeit

Die Nebelfelder sind gesät,
der Wind über die Wälder weht,
der Himmel schläft in Wolkendecken,
die Amseln frieren in den Hecken.

Die Sonne ist jetzt
furchtbar weit
verreist, es tut ihr leid –
Novemberzeit!

Das Schatzkästchen

Es ging mir so richtig mies. Probleme türmten sich wie dunkle Berge hinter mir und vor mir und ich fühlte mich wie erschlagen. Die Erkältung saß mir noch in den Knochen oder vielmehr im Hals. Freunde und auch Gott schienen mich vergessen zu haben und der Dauerregen ging mir auf den Wecker. Aber so richtig! Also die übliche Weltuntergangsstimmung, wie sie uns manchmal befällt, auch wenn es uns gar nicht gefällt. Tränen machten dem Regen Konkurrenz und es passierte nichts, gar nichts! Zunächst zumindest. Denn dann klingelte auf einmal das Telefon. Sollte ich überhaupt abheben? Ich tat es. „Hallo?" Eine Freundin war dran. Es sprudelte aus mir heraus, ungeordnet, zögernd zunächst, aber dann wie ein Wasserfall, ein Gemisch aus Wut und Traurigkeit, Tränen und Frust. Sie hielt das aus und hörte einfach zu. Ihr Verständnis war eine Wohltat, ihre Herzlichkeit ein Balsam für meine verwundete Seele.

Am nächsten Tag stand sie vor der Tür. Und schenkte mir ein Schatzkästchen, ein selbst gebasteltes. In der kleinen Kartonbox lagen zusammengefaltete Zettel. Sie erklärte mir das System: „Wenn du eine Ermutigung brauchst, wenn mal gar nichts mehr geht, nimmst du einen orangefarbenen Zettel. Wenn du einen Impuls für eine Aktivität brauchen kannst, einen gelben."

Die Probleme lösten sich nicht sofort auf. Aber das Schatzkästchen half mir, die nächsten Tage zu überstehen, bis es mir wieder besser ging. Zunächst griff ich nur nach den orangefarbenen Zetteln. „Mit ganzem Herzen vertrau auf den Herrn." (Sprichwörter 3,5a), „So seid auch ihr jetzt bekümmert, aber ich werde euch wiedersehen; dann wird euer Herz sich freuen, und niemand nimmt euch eure Freude." (Johannes 16,22) Diese und andere Bibelverse konnten meine Stimmung zwar nicht gleich aus dem Keller auf Wolke 7 heben, aber wie stete Tropfen drangen sie doch immer tiefer in meinen Schmerz und trösteten mich. Ich stellte zunächst nüchtern fest: ich spüre diese Freude nicht, von der dort die Rede ist, aber ich vertraue jetzt mal stur darauf, dass sie irgendwann wiederkommt. So wie die Freundin vorbeikam und mir wie ein Engel dieses Schatzkästchen brachte.

Nach ein paar Tagen war ich bereit für einen gelben Zettel. Da stand: „5 Sachen aufschreiben, die heute gut sind und den Zettel für die nächsten Tage am Nachttisch liegen lassen und dafür danke sagen." Ganze 5 Sachen?! Nein, das kriege ich nicht hin, dachte ich zunächst. Von den schlechten würden mir ein Dutzend einfallen, aber gute? Heute?! Doch ich wollte mich schon darauf einlassen und strengte mich an und dachte scharf nach. Also, das Schatzkästchen an sich wäre ja schon das erste. Das Mittagessen heute war lecker, das musste ich zugeben. Ich schrieb es auf. Der Nachmittag war ruhig, ich konnte nachdenken. Das war Nummer drei. Und abends hatte ich unerwartet ein nettes Telefongespräch mit jemandem, den ich sehr lange nicht gesehen hatte. Dann war noch eine E-Mail mit der Zusage, dass ein Treffen mit alten Freunden klappt, in mein Postfach geflattert. Na also, das waren ja schon fünf!

Wenn es einem schlecht geht, kann es jederzeit passieren, dass ein Engel vorbeikommt und einem eine Überraschung bringt. Irgendwann einmal kann man auch mal selbst zum Engel für jemand anderen werden und ihm so ein Schatzkästchen vorbeibringen. Oder man kann auch ein wenig Zeit und ein offenes Ohr bereit halten. Das hilft ungemein. Ich habe es selbst erlebt!

Geborgen bei Gott

Nicht alles ist
nur licht und hell
die Welt dreht sich
manchmal zu schnell
Probleme überschlagen sich
so manches überfordert mich

Wenn ich dann nicht mehr
weiter weiß
schaust Du mich an
und flüsterst leis:
Ich bin bei Dir
jetzt und auch morgen
gib Deine Angst
und Deine Sorgen
ganz an mich ab,
nimm meine Hand,
ich führe Dich
ins neue Land

Der Junge auf der Brücke

Es war am frühen Morgen, vielleicht kurz nach sieben. Ich hatte schlecht geschlafen und fühlte mich nicht wohl. Mein Magen beschwerte sich, aber mein Pflichtbewusstsein schickte mich auf den Weg zur Arbeit. Also bin ich losgefahren. Nun stand ich an der roten Ampel auf der Brücke über den hiesigen Fluss. Wie sollte ich bloß die nächsten Stunden überstehen? Ich wollte wieder ins Bett und nichts als schlafen und meine Ruhe haben.

Da tauchte auf dem Fußweg neben der Straße plötzlich ein kleiner blonder Junge auf, vielleicht zehn oder elf Jahre alt. Er ging langsam und blieb dann in der Nähe meines Autos stehen und schaute hinüber auf die andere Seite. Dort wurde eine neue Brücke gebaut, die die alte baufällige ersetzen sollte. Ich schaute da selten hin, war eher genervt von der ewigen Baustelle und den damit verbundenen Umleitungen und täglichen Staus. Doch der Blick dieses Jungen war voller Neugier, Offenheit und konzentrierter Aufmerksamkeit. Dann fiel mir sein T-Shirt auf, auf dem in großen Buchstaben stand: Create a better world. Ein tiefsinniges T-Shirt, dachte ich, mit einer sinnvollen Botschaft an die Welt. Wir sollten daran arbeiten, diese

Welt ein Stück besser zu machen. Und zwar jede und jeder dort, wo er oder sie gerade ist, mit den täglichen Aufgaben, die anstehen. So wie die Bauarbeiter die baufällige Brücke mit einer neuen ersetzen würden, sollen auch wir Brücken bauen an Stellen, die schwer zu passieren sind, zwischen Menschen, verschiedenen Kulturen und Ländern. Der Junge ging weiter und meine Ampel wurde grün. Ich fuhr zur Arbeit und war nun deutlich besser gelaunt und dankbar. Dieser Junge hat mich, wie ein Engel, ermutigt, meinen kleinen Beitrag zum täglichen Brückenbau zu leisten, einfach dadurch, dass ich meine Arbeit zum Wohl der anderen tue.

Vertrauen

Sich dem Leben
anvertrauen
mit Zuversicht
nach vorne schauen
egal was war
egal was schmerzt
ergreif den Augenblick
beherzt
auch wenn ein kalter Wind
nun weht
bleib stark
vertrau
siehst du
es geht!

Tod und Leben

Als meine liebe Vermieterin starb, traf mich ihr Verlust zutiefst. Ich musste umziehen, weil die Kinder das Haus verkaufen wollten. Ich trauerte um das alte Haus mit Garten, den meine Vermieterin hingebungsvoll gepflegt und bepflanzt hatte. Sie hatte mir auch immer wieder mal Gemüse oder ein kleines Sträußchen gegeben. „Unkraut" sagte sie lachend, als ich sie fragte, was das für Blumen seien. Aber wunderschön waren sie gewesen. Im Winter hatte immer eine Christrose vor der Tür gestanden, ihr ganzer Stolz. Dieses Gartenparadies würde ich vermissen. Doch wie es der Zufall (oder war es eher Fügung?) wollte, fand ich bald eine neue Wohnung mit Terrasse. Die Vermieter hatten Rosen in allen Farben gepflanzt. Wie zur Begrüßung blühten sie zu meinem Einzug in voller Pracht auf! Dahinter wuchsen Christrosen, wie ein blühender Gruß von meiner alten Vermieterin. Auch eine rosafarbene Pfingstrose blühte gerade auf, als ich in die neue Wohnung einzog. Manchmal sind wir traurig, weil uns jemand oder etwas Wertvolles weggenommen wird und es scheint, dass die Welt aufhört sich zu drehen. Aber das Leben geht weiter. Es blüht im wahrsten Sinne des Wortes an einem anderen Ort, doch in Verbundenheit zu dem Gewesenen. Nichts geht verloren, was einem lieb war. Es wird lediglich verwandelt und plötzlich blüht etwas auf, was wir gar nicht mehr zu hoffen wagten.

Zuspruch

In mein Zögern
in mein Zagen
an manch
düstertrüben Tagen

spricht Gott
zu mir
sein festes JA -
hab keine Angst
ich bin doch da!

„Und siehe, ich bin mit euch alle Tage
bis zum Ende der Welt."
(Matthäus 28,20)

Herbstabend

Der Wind geht nun
im Wald spazieren
und in den Blättern
träumen Bäume
und in den Wipfeln
rauscht es sanft
als hörte man
die Bäumeträume
sie träumen von der Winternacht
und von des Frühlings Neubeginn
alles ist gut
so wie es ist
alles hat seinen tiefen Sinn

Winterwunder

Winterjacke

Ich stehe an meinem Schrank und suche meine Winterjacke. Ja, dies ist der Zeitpunkt, wann eindeutig der Winter für mich anfängt. Manchmal ist dieser Zeitpunkt schon im November, wenn der Frost klirrend vor der Tür steht, manchmal erst im Dezember. Diese Zeit ist herausfordernd, denn das Wetter wird zunehmend ungemütlich. Die Herbstfarben weichen einem Dauergrau und Erkältungen machen die Runde. Da ist es wichtig, den Körper und die Seele vor einer Unterkühlung zu schützen. Der Körper lässt sich leichter wärmen, eben mit einer Winterjacke, einem Schal und einer Mütze. Doch die Seele?
Auch die kann man wärmen, indem man sich bewusst Zeit für sie nimmt und ihr zuhört. Was braucht sie jetzt? Ruhe? Begegnung? Man kann an kalten Abenden auch mal einen warmen Moment des Sommers wieder hervorholen, gespeichert in Worten oder Bildern. Und man kann auch im Winter kleine Lichtstrahlen sammeln, die einem im Alltag begegnen: Ein Lächeln, eine unerwartete Begegnung, das Lieblingslied, das gerade im Radio läuft, und viele andere mehr.

Glücksmosaik

Warte nicht auf das große Glück
du könntest es versäumen
sammle jeden Tag ein Stück
und folge deinen Träumen
ein Lächeln hier
ein Glücksfall dort
ein Freudentanz
ein nettes Wort
ein gutes Buch oder Musik
welch wunderbares
Glücksmosaik

Ein seltenes Geschenk

In unserer abgehetzten Welt, in der die Termine einander verfolgen, als wären sie auf der Jagd, kommt Advent plötzlich um die Ecke und sieht sich erstaunt um: Maskierte Gesichter mit müden Augen, Stirnrunzeln, die die Lachfalten scheinbar vertrieben haben und der stete Blick auf die Uhr.

Advent ist verwirrt, sollten sich die Menschen da nicht gerade mehr Zeit lassen, zur Ruhe kommen und zu sich selbst? Sie wirken aber noch mehr gestresst als sonst und schieben ihn zur Seite, als würde er ihnen im Wege stehen. Advent ist zunächst irritiert und traurig, aber nur kurz, denn er fasst einen Plan.

Er geht in einen Discounter, in dem ein ziemliches Gedränge herrscht, und lässt unauffällig kleine Zettel in die Jacken- oder Hosentaschen der Menschen gleiten. Diese bemerken es zunächst nicht, erst als sie wieder zu Hause sind. Da ziehen sie erstaunt den Zettel heraus, auf dem steht: „Zeit für Dich“ oder „Zeit für andere“ oder „Ich schenke Dir Zeit. Advent.“ So manch einer wundert sich, einer lächelt, eine andere seufzt und denkt: „Ja, genau das brauche ich.“ Und selbst der kurze Augenblick des Wunderns ist geschenkte Zeit.

ErWartung

Geräte müssen zur Wartung
damit sie nicht kaputt gehen

Und Menschen?

Er wartet uns
Er wartet auf uns

Advent

Fange das Licht!

Der Großvater hatte dem kleinen Linus eine Taschenlampe geschenkt. Linus ist vier und ein lebhafter Junge. Sofort schaltete er sie ein und das Licht fiel vor ihn. Dann machte er einen Satz nach vorn, um das Licht zu fangen. Doch das Licht sprang natürlich mit. Und war ihm wieder voraus. Dann rannte und hüpfte er laut lachend durch die ganze Wohnung und rief: „Ich fange die Sonne!“ Er leuchtete nach oben und kletterte auf das Sofa, um das Licht zu berühren, das an der Decke war. Natürlich schaffte er es nie, aber es machte ihm einen großen Spaß dem Licht hinterherzulaufen. Dann wurde er müde und ließ die Hand mit der Taschenlampe nach unten sinken. Auf einmal merkte er, dass ihm das Licht auf die Füße leuchtete, er stand mitten im Licht.

Vielleicht laufen wir in der oft hektischen Adventszeit auch dem Licht hinterher. Je schneller wir laufen, desto schneller flüchtet das Licht vor uns. Erst wenn wir stehen bleiben, kann das Licht uns erreichen. Es ist ganz nahe bei uns.

Aufschauen

Mit ängstlichem Herz
doch voller Hoffnung
in Dunkelheit
hinaufschauen
zum noch unsichtbaren
Licht
ausharren
der Sehnsucht
vertrauen
dem Zweifel
zum Trotz

Lichtvoller Advent

Meine Vermieterin war damals 85 und wohnte über mir. Sie hatte schon viel erlebt und erlebte weiterhin noch viel. Jeden Tag. Sie fuhr mit dem Fahrrad zum Einkaufen und arbeitete im Garten. In der Adventszeit stellte sie immer ihre Laterne mit einer Kerze vor die Eingangstür. Bei Einbruch der Dunkelheit zündete sie sie an. Wenn die Menschen im kalten Nieselregen oder im Schneematsch an unserem Haus vorbeikamen, wurde ihr Blick vom Licht der Laterne angezogen. Manchmal wurde die Traurigkeit in ihren Augen für einen Moment erhellt. Ein Funke Hoffnung wurde entzündet. Auch ich bin schon öfters müde und durchgefroren heimgekommen und war so dankbar für das Licht, das mir schon von weitem zeigte, wo ich zu Hause war.

Im Advent zünden manche eine Kerze auf ihrem Tisch oder im Adventskranz an. Doch das Licht nach draußen zu tragen, in die kalte Dunkelheit, das ist etwas ganz Besonderes. Die warme Kerzenflamme vor der Haustür flüstert Hoffnungsworte. Sie spricht davon, nicht aufzugeben, sondern inmitten der Dunkelheit immer wieder ein kleines Licht anzuzünden und zu vertrauen, dass letztendlich das helle Licht des Sterns über Betlehem alle Dunkelheit vertreiben wird.

Kulinarischer Engel

Sie war ein Phänomen: Tante Hildegard. Nein, sie war nicht meine Tante, sondern die Tante einer Bekannten. Aber was machte das schon aus? Sie war im ganzen Dorf als Tante Hildegard bekannt und jeder durfte sie so nennen. Ihr Lieblingsplatz war die Küche und schon seit ihrer Jugend zauberte sie dort immer neue Rezepte. Sie kochte und backte oder hm, buk. Ja, so würde sie es sagen, denn sie war schon älteren Semesters und verwendete noch diese alte Form. Sie buk gern und oft. Früher für die ganze Familie, die aus mehreren Generationen bestand. Inzwischen waren ihre Kinder aus dem Haus. Ihr Mann war verstorben. Doch ihre kulinarische Leidenschaft war jung wie eh und je. Sie hatte es nie geschafft, die Mengen der Zutaten an die neue Situation anzupassen. Da sie natürlich nicht alles selbst essen konnte, verschenkte sie es an ihre Verwandten. Es machte ihr einfach Spaß, für viele Menschen zu kochen und zu backen. Sie freute sich über die Freude der anderen.

In der Adventszeit fuhr sie zu ihrer Hochform auf und buk, was das Zeug hielt. Letzten Dezember probierte sie ein neues Rezept aus: Vanillekipferl. Sie veränderte die Zutatenliste ein wenig und buk wieder eine ganze Schüssel voll, dann nochmal eine und noch eine. Sie war ganz in ihrem Element. Die Familie freute sich darüber, aber irgendwann war sie gut versorgt und als meine Bekannte wieder eine neue Lieferung Vanillekipferl bekam, machte sie sich langsam Sorgen um ihre Linie und überlegte, was sie machen könnte, um ihre Kleidergröße zu behalten und die Tante trotzdem nicht zu enttäuschen.

Ich sagte zu ihr mit einem Augenzwinkern, ich hätte nichts gegen ein paar Vanillekipferl, zumal Backen nicht gerade meine Stärke war. Am nächsten Tag fand ich einen Karton vor der Tür. Ja, einen riesengroßen Karton voller Vanillekipferl! Lecker waren sie! Aber so viele? Ich hätte eine Großfamilie einen Monat lang damit ernähren können. „Wenn ich das alles esse," dachte ich, „werde ich mindestens 10 kg zunehmen!" Aber die Leckereien zurückgeben, nein, das kam nicht in Frage. Also besorgte ich kleine hübsche Tüten und verpackte die Kipferl adventlich. Ich schmückte sie mit einem festlichen Band und spielte Weihnachtsmann, äh, ich meine, Weihnachtsfrau. Ich schickte und verteilte die Päckchen an Freunde und Bekannte, die freundliche Arzthelferin oder den netten Marktverkäufer. Alle freuten sich riesig und Tante Hildegard wusste nicht mal, wieviel Freude sie im ganzen Dorf und darüber hinaus verbreitet hat! Freude verdoppelt und vervielfacht sich, wenn man sie teilt.

Streichholzadventskalender

Sie bekam ihn von einer Freundin. Klein und handlich passte er in die Jackentasche. Er bestand aus Streichhölzern in Reih und Glied, 24 Stück um genau zu sein, beschriftet mit jeweils einem Wort und einer Zahl. Darüber jeweils die Angabe einer Bibelstelle. Würde sie es schaffen, in der hektischen Adventszeit ein paar Minuten dafür zu finden? Jeden Tag? Sie würde es jedenfalls versuchen.

Am Anfang ging es noch ganz gut, aber es gab auch Tage, da kam sie mit der Überfülle der Aufgaben, die der Alltag von ihr abverlangte, nicht zurecht. Da schienen selbst die wenigen Minuten Luxus, den sie sich nicht leisten konnte. Aber war es nicht Advent? Es konnte doch nicht sein, dass nicht einmal 5 Minuten übrig waren für das, was unserem Alltag Sinn und Richtung gibt?! Und geht es im Leben nicht darum, dass uns und anderen immer wieder ein Licht aufgeht, damit wir erkennen, was wirklich wichtig ist?

Dann hatte sie eine Idee. Sie schraubte ihre eigenen Ansprüche zurück, jeden Tag eine Besinnungszeit zu finden. Stattdessen wollte sie von nun an versuchen, zumindest jeden zweiten oder dritten Tag nicht nur ein kleines Licht in ihrem eigenen Leben anzuzünden, sondern dieses Licht auch weiterzugeben. Also zündete sie mit dem Streichholz eine Kerze an, ließ sich von dem jeweiligen Impuls inspirieren, warf aber das abgebrannte Streichholz mit dem Begriff wie „Frieden", „Sehnsucht" oder „Freude" nicht weg. Sie klebte es auf eine Karte, malte oben mit einem Stift einen Docht und mit einem Buntstift eine leuchtende Flamme. So wurde das abgebrannte Streichholz zu einer brennenden Kerze. Diese Karte schickte sie mit einem adventlichen Gruß an eine Freundin. So machte sie es auch mit einem Teil der übrigen Streichhölzer. Nun ja, sie schaffte nicht alle 24 und vielleicht nicht mal die Hälfte, aber auch nächstes Jahr wird es wieder Advent werden. Und selbst wenn es gar nicht viele gewesen wären – jedes kleine Licht, das wir weitergeben, macht diese Welt ein wenig heller.

Die Adventsrose

Die Rosen verblüht
bis auf die eine
die hellrote
am Gartenzaun ist's
die ich meine.

Während
Adventskerze
um Adventskerze
brennt
blüht sie hindurch
den ganzen Advent!

Ich liebe dich
ich liebe dich!

Adventliche Überraschungen

Eine Schachtel mit Lebkuchen
jemanden mal so besuchen
Freunden ein paar Stunden schenken
an Traurige und Kranke denken
Kärtchen an Bekannte schicken
so kann adventliche Freude glücken

Weitergehen

Manchmal scheint alles so dunkel, dass man den Weg nicht mehr sieht. Er scheint aufgehört zu haben und wir stehen da, ratlos, kraftlos, ohnmächtig. Dieses Stehenbleiben ist auch erstmal notwendig, um sich zu vergewissern, wo man eigentlich gerade ist. Doch dann sollten wir weitergehen, ganz langsam zunächst, um nicht zu stolpern. Aber wir gehen im festen Vertrauen, dass der Weg weiterführt, vielleicht in viel schönere Landschaften, als wir bisher kannten. Oft gehen wir ja immer den gleichen Weg ohne uns zu überlegen, ob es vielleicht bessere oder interessantere gibt. Die Dunkelheit zwingt uns zu einer Neuorientierung, die aber letztendlich auch gut für uns sein kann. Manchmal führt sie uns in neues Licht und zu einer Freude, die wir vielleicht nie für möglich gehalten hätten.

Adventliche Geduld

Es ist manches zerbrochen
an Hoffnungen und Träumen
doch selbst die Scherben spiegeln
das Licht in Zwischenräumen

Wir wurden oft enttäuscht
in unsren Wünschen, Plänen
und unerfüllt ist leider
noch manches tiefe Sehnen

Und dennoch ganz tief innen
ahnen wir das Heile
es will in uns beginnen
schon bald, noch eine Weile!

Es ist ja noch nicht Weihnacht
es ist ja noch Advent
Geduld, Geduld, Geduld,
die dritte Kerze brennt!

Kleine Schritte

Es ist dunkel – ich zünde eine Kerze an
du fehlst – ich bin dankbar, dass ich dich
kennenlernen durfte
ich habe Halsweh – ich mache mir einen
Ingwertee
es ist mir kalt ums Herz – ich greife zum Buch
mit warmen Worten
in mir ist Winter – ich nehme ihn an,
ohne Winter keine Frühlingsfreude
ich bin erschöpft – Zeit zum Ausruhen
nichts geht voran – ich mache einen kleinen Schritt
nach vorn

Adwind

Es windet adventlich
über Zaunpfostenlanzen
Dezemberbäume rauschen
und Schneeflocken tanzen
Kinderhände versuchen
sie zu fangen
und reiben sich fröhlich
die roten Wangen.

Ich bleibe kurz stehen
und denke nach
geschwind:
Wie nennt man diese Zeit denn?
Ah, ich weiß – Adwind!

Adventlicher Schmetterling

Es war der 2. Adventssonntag. An dem Tag ging es mir nicht besonders gut. So saß ich etwas geknickt im Gottesdienst. Links von mir war das Kirchenfenster, das Jesus zeigt, der unter der Last des Kreuzes hinfällt, eigentlich eine Szene der Karwoche. Jetzt war doch Advent. Diese Szene war mir aber im Moment irgendwie näher als die Freude des Advents, denn auch auf meinen Schultern waren Lasten, die mich zu Boden drückten. Die Adventslieder, die von Licht und Hoffnung erzählten, drangen wie durch einen Schleier zu mir, erreichten mein Herz aber nicht. Ich war immerhin da, harrte aus in meiner Dunkelheit, ging einen Schritt auf Gott zu, indem ich zum Gottesdienst ging. Jetzt war er an der Reihe und tief in mir drin hatte ich die leise Hoffnung, dass er mich wieder aufbauen würde, irgendwie.

Die Predigt sprach vom Reich Gottes, dass Gott zu uns auf die Erde kommt, um uns nahe zu sein. Hm, ich fühlte mich irgendwie so leer und Zweifel legten sich auf mein Gemüt. Gott? Mir nahe? Wie kann das sein, wenn ich mich so schwach und leer fühlte? War er überhaupt da?

In dem Moment schaute ich nach links zum Kirchenfenster. Jesus fällt unter dem Kreuz. Selbst er kannte Augenblicke, in denen er sich von Gott verlassen fühlte. Und Advent hin oder her, jetzt war halt auch so eine Phase bei mir. Plötzlich erblickte ich am steinernen Fenstersims etwas Schwarzes. Ich schaute genauer hin und erkannte: Oh, ein Schmetterling! Er saß reglos da, mit zusammengelegten Flügeln, die auf der Unterseite ganz dunkel waren. Aber ich bemerkte, dass es ein Tagpfauenauge war. Die bunten Farben waren innen drin versteckt und momentan nicht zu sehen. Ich überlegte, ob der Schmetterling noch lebte. Er bewegte sich überhaupt nicht. Am Ende des Gottesdienstes konnte ich meiner Neugier nicht widerstehen und ging zu ihm hin. Ich berührte seine Flügel, um zu schauen, ob er sich rühren würde. Nein, nichts, keine Spur einer Bewegung. Ich hoffte, dass das Leben noch da war, tief drinnen. Sicher war er in Winterstarre, sparte jegliche Energie, um sich vor der Kälte zu schützen und den Winter zu überstehen. Aber er würde wieder fliegen können, wenn die Zeit dafür reif war, ganz bestimmt.

Ich dachte mir dann, so ist es auch bei uns Menschen. Es gibt Zeiten, in denen alles wie tot scheint, doch der Schein trügt. Das Leben ist noch da, aber wie in Winterstarre. Es zieht sich nach innen zurück, um in der Tiefe zu überwintern. Da hilft dann kein Aktivismus, keine guten Vorsätze oder kein Weglaufen vor dem Winterlichen in uns. Doch wir dürfen hoffen und fest darauf vertrauen, dass es nur ein Zwischenstadium ist und kein Endzustand. Es gehört zum Leben dazu und man kann es nicht überspringen. Doch kein Winter dauert ewig.

Am nächsten Sonntag, es war der 3. Advent, ging es um Zuversicht. Und während der Priester seine ermutigende Predigt hielt, schaute ich nach vorne und plötzlich traute ich meinen Augen kaum: Um den Altar herum flog der Schmetterling! Der gleiche, der noch eine Woche vorher völlig starr und apathisch am Kirchenfenster saß. Er hielt eine Parallelpredigt, für mich, ohne Worte, doch so überzeugend, dass ein Lächeln mein Gesicht erhellte. Ich habe verstanden. Ostern, im Advent. Gott hat immer eine Überraschung parat.

Prioritäten

Nein, ich bin noch nicht bereit
ich hab so viel zu tun
sie kommt zu früh
die Weihnachtszeit
sie ist fast da
was nun?

Der Engel streicht mir übers Haar
und sagt: Du hast die Wahl,
du möchtest alles ideal
und verlierst dich dabei
lass weg der Aufgaben große Zahl
setz dich mal hin und – sei!

Es kommt nicht auf das Außen an
das, was man sieht mit Sinnen
das schaffst du später
irgendwann
jetzt fang mal an mit Innen

Räum weg den Zweifel
und den Schmerz
Verhärtetes
räum auf dein Herz
vertrau auf Gott
mach dich bereit
lass Dunkles los
es ist soweit!

Heilige Nacht

Die Nacht, ein Stern
das Ziel nicht fern
ein Kind, ein Stall
Licht überall!

Der schiefe Weihnachtsbaum

Im Wald bei dem kleinen See wuchsen ein paar kleine Fichten. Sie strengten sich an, groß und stark zu werden und streckten ihre grünen Zweige der Sonne und dem Wind entgegen. So vergingen die Monate und der erste Schnee legte seinen weißen Flaum auf die stacheligen Äste.

Eines Tages, kurz vor Weihnachten, kam ein Mann mit seiner Säge zu dem Wäldchen. Zuerst hatten die Bäume Angst. Aber sie erfuhren von den zwitschernden Vögeln, dass der Heiligabend doch vor der Tür stand und sie die Ehre hätten, bald Weihnachtsbäume zu sein. Sie würden schön geschmückt werden und alle würden sie bewundern. Da streckten sie sich stolz aus und konnten es kaum erwarten. Sie stritten sich, wer denn der eleganteste von ihnen sei und wer wohl zuerst von den Menschen mitgenommen und geschmückt würde.

Aber einer, der ganz hinten stand, schwieg. Er war kleiner als die anderen und vor allem war sein Stamm schief gewachsen. Er reckte und streckte sich, aber er konnte sich nicht aufrichten. Wenn er sich mit den anderen Bäumen

verglich, war er ganz verschämt, dass er nicht mithalten konnte. Die anderen Bäume blickten etwas herablassend zu ihm und manche lachten ihn sogar aus. Da wurde er ganz traurig und fragte sich, ob er denn überhaupt die Chance bekommen würde, ein Weihnachtsbaum zu werden. Der Mann nahm aber alle Bäumchen mit, auch den schiefen, denn der Bedarf war groß. Er verpackte sie und fuhr zum Marktplatz.

Dort herrschte großes Gedränge. Die Bäumchen wunderten sich, welche Formen, Farben und Gerüche sie wahrnehmen konnten. Bisher kannten sie nämlich nur ihren Wald. Weihnachtslieder tönten aus den Geschäften, Sterne blinkten überall und die Menschen eilten durch die Straßen. Manche blieben bei den Fichten stehen und eine nach der anderen wurde verkauft. Das schiefe Bäumchen wagte nicht zu hoffen, dass einer auch es mitnehmen würde. Da kam plötzlich ein älterer Mann in einer grauen Jacke und leicht angegrautem Haar vorbei. Der fragte den Händler, ob er denn auch ein etwas kleineres Bäumchen hätte. „Wir haben nicht so viel Platz, wissen Sie“, meinte er zu dem Verkäufer. Dieser schaute sich um und zog kurzerhand das schiefe Bäumchen aus der hinteren Ecke heraus. „Ja, der hier, das ist der kleinste!“ sagte er. Der ältere Mann nickte zufrieden, bezahlte und trug den Baum in sein Auto.

Hans, so hieß der Mann, war nicht wählerisch und freute sich, dass er so schnell einen Baum gefunden hatte. Er fuhr nach Hause und präsentierte ihn stolz seiner Frau Regina. Sie war gerade mit dem Backen beschäftigt, schaute kurz hoch und meinte, er solle ihn doch gleich aufstellen, denn es war einen Tag vor Heiligabend. Das Bäumchen war schon ganz aufgeregt und froh, dass es ein Zuhause gefunden hatte.

Hans machte sich gleich ans Werk, er holte einen Baumständer aus dem Keller und packte den Baum aus. Er versuchte ihn trotz piksender Zweige aufzustellen, was gar nicht so einfach war. Schließlich hatte er es geschafft, der Baum stand. Hans richtete sich auf und massierte seinen schmerzenden Rücken. Er rief, seine Frau solle doch herkommen und den Baum anschauen. Sie wischte sich die Hände an der Schürze ab, kam aus der Küche ins Wohnzimmer und schrie erstmal auf. „Was ist das denn?!" Erst jetzt sah Hans es auch: Der Baum war schief! Also bemühte er sich, ihn noch besser aufzustellen, seine Frau versuchte sogar ihm dabei zu helfen, aber es war aussichtslos. Sie konnten ihn drehen und biegen, wie sie wollten: Der Baum war und blieb schief. „Oh nein", seufzte die Frau, „was hast du bloß für einen Baum gekauft?!" „Ich kann doch gar nichts dafür", verteidigte sich Hans, „er war eingepackt, das konnte ich gar nicht sehen!" und er hob ratlos die Schultern. „Dann müssen wir ihn wohl oder übel so lassen", murrte die Frau, „jetzt ist eh keine Zeit mehr einen anderen zu holen". Die Kinder würden bald ankommen mit dem zweijährigen Enkel Jan und es war noch so viel vorzubereiten. Das Bäumchen hatte sich alles angehört und wurde traurig. Es wollte ein Teil der Familie werden und nun wurde es wieder wegen seiner Form abgelehnt. Aber es blieb ihm nichts Anderes übrig, als seine Zweige möglichst schön auszubreiten und sich soweit aufzurichten, wie es ihm eben möglich war.

Bald klingelte es auch schon an der Tür und die erwachsene Tochter und der Sohn mit Frau und Kind waren da. Es wurde ausgepackt, geredet, gekocht und gebacken. Die Tochter sah den schiefen Baum, schmunzelte über seine Form und fing an ihn zu schmücken. Dieser fühlte sich schon etwas besser, als er mit glänzenden Kugeln, Herzen und Sternen behängt wurde. Oben wurde ein Strohengel platziert, denn ein Glasstern an der schiefen Spitze wäre zu riskant gewesen.

Am nächsten Tag gingen die Vorbereitungen weiter. Es war so viel zu tun und die Zeit schien im Nu zu verfliegen. Regina wurde etwas gereizt, denn sie meinte, die Anderen würden ihr nicht genügend helfen. Hans seinerseits regte sich über Reginas Nörgelei auf. Bevor er sich auf die Zunge beißen konnte, war es ihm schon rausgerutscht und er beschwerte sich lautstark über sie. So kam eins zum anderen und als noch der Kuchen anbrannte, hing der Haussegen vollends schief. „Wieder mal typisch, kann man denn nicht mal in Ruhe Weihnachten feiern?“ murrte Hans und verzog sich ins Schlafzimmer, um die letzten Geschenke zu verpacken. Dann wurde es Abend und alle versuchten sich zusammenzureißen, aber die Stimmung blieb angespannt. Sie setzten sich ins Wohnzimmer an den gedeckten Tisch. Da riss sich plötzlich der kleine Jan los und rannte zum Weihnachtsbaum. Mit glänzenden Augen und offenem Mund stand er zunächst staunend davor. Dann rief er voller Freude „Baum! Baum!“ und klatschte begeistert in die Hände. Bevor jemand reagieren konnte, griff er nach den Zweigen und zog daran. Wie versteinert sahen alle zu. Sie fürchteten schon, der Baum würde umfallen, bevor jemand aufspringen konnte. Doch Jan zog gerade an der Seite, die eh zum Boden geneigt war. Es war, als würde der Baum Jan die Zweige reichen, wie die Hände zum Gruß. Der Baum freute sich über so viel Bewunderung und Anerkennung und der kleine Junge quietschte vor Vergnügen. Der Baum blieb stehen. Die beiden verstanden sich auf Anhieb, das kleine Bäumchen und der kleine Junge. Jan zog noch ein wenig an den Zweigen. Da wackelte der Strohengel an der Spitze und fiel plötzlich herunter. Jan schaute kurz hoch und fing ihn auf in seine kleinen Hände. Er lachte laut und da konnten die Erwachsenen nicht anders und fingen ebenfalls an zu lachen.

Der Weihnachtsbaum freute sich auch. Er war auf einmal dankbar, dass er nicht so kerzengerade war wie die anderen Bäume, denn sonst hätte er sich nicht zu dem Kind hinunterbeugen können und wäre umgefallen.

Wenn der Haussegen an Heiligabend einmal schief hängt, kann paradoxerweise ein schiefer Weihnachtsbaum dabei helfen, ihn wieder gerade zu rücken. Die Heilige Nacht ist eine Nacht, die die üblichen Kategorien umkehrt. Gerade das Unscheinbare, Verworfene, Kleine kann groß werden. Die Traurigkeit wird in Lachen verwandelt durch das Kind. Durch das Hinunterbeugen zum Kleinsten werden die Engel in Bewegung gesetzt, um Freude vom Himmel auf die Erde zu bringen.

Grund zur Freude

Erwarte nicht zur Weihnacht
die ganz perfekte Zeit
wir Menschen sind nur Menschen
und haben manchmal Streit

Doch freue dich zur Weihnacht
denn du bist nicht allein
gerade in deinem Menschsein
will Gott dir nahe sein

Drei Könige

Auch ohne Navi
fanden sie den Weg
ließen sich nicht ablenken
von adventlichen Sonderangeboten
und Zimtsternen
zum Plätzchenbacken
hatten sie keine Zeit
sie gingen los
einfach so
sie folgten dem Stern
es störte sie nicht
im Geringsten
dass der Stall
nicht aufgeräumt war
sie wollten nur eins:
das Kind in der Krippe finden
von dem sie wussten:
es ist der Erlöser
dieser unheilen Welt
und sie fanden ihn

Auf zu neuen Ufern

Eigentlich ist es gut, dass wir die Zeit in Einheiten zusammenfassen wie Tage, Wochen, Monate und Jahre. So wird sie überschaubarer, bewältigbarer. Wir müssen nicht gleich unser ganzes Leben auf die Reihe kriegen oder planen, sondern nur einzelne Teile davon auf einmal. Und dann sieht man weiter. Wir können eine Etappe abschließen und eine neue beginnen. Uns Menschen mit unserer Begrenztheit kommt das entgegen.

So ist ein neues Jahr auch immer eine neue Chance, dass etwas besser werden kann. Es kommt nicht darauf an, sich zig gute Vorsätze aufzuladen, die man eh nicht umsetzen kann. Vielmehr ist es wichtig, sich für Gottes Wirken zu öffnen. Das kann uns neue Türen aufschließen, wo wir im alten Jahr keine sahen. Und selbst wenn Gott uns mal eine Tür schließt, öffnet er bekanntlich ein Fenster. Ich möchte offen und bereit sein, es zu entdecken und hinauszuschauen, um neue Horizonte zu sehen.

Am Neujahrsmorgen

Das Neujahr fällt
aus allen Wolken
es schneit und schneit
und schneit.

Die Tage dieses
jungen Jahres
liegen hier
weiß und breit.

Die bunten Feuerwerksfontänen
der Nacht sind längst verraucht.

Der Morgen winkt mit Perspektiven
die Zeit noch unverbraucht.

Noch keine Spuren
auf den Wegen
ich nehme Hoffnung mit
vertraue fest
auf Gottes Segen
und setz den ersten Schritt.

Wage zu träumen

„Träume sind Schäume“, sagt mir ein Freund immer, wenn ich ihm von einem seltsamen Traum erzähle, den ich letzte Nacht hatte. Und meistens hat er wohl recht, denn das wilde Sammelsurium von Eindrücken hat oft wenig mit der Realität zu tun. Das Gehirn verbindet alles Mögliche zu bizarren Filmen, die uns im Schlaf vorgeführt werden.

Doch es gibt auch Träume, die uns sehr wohl etwas zu sagen haben. Sie weisen hin auf unverarbeitete Probleme und Sorgen, Stress oder unsere Sehnsüchte. In der Bibel wird auch von prophetischen Träumen berichtet, die Gott ausgewählten Menschen schickt, um sie zu warnen oder ihnen Botschaften zu überbringen. Da gibt es etwa Josef, der im Traum erfährt, dass es schon seine Richtigkeit hat, Maria zur Frau zu nehmen. Später wird er im Traum vor Herodes gewarnt und flieht daraufhin mit seiner Familie nach Ägypten. Dadurch werden sie gerettet. Jakob sieht im Traum eine Himmelsleiter, auf der Engel auf und nieder steigen. Träume öffnen Türen zu Wirklichkeiten, zu denen wir sonst keinen Zugang hätten.

Es gibt auch Träume im Sinne von starken Wünschen und Sehnsüchten, die einen antreiben, eine als negativ empfundene Wirklichkeit zum Positiven zu verändern. Ich denke dabei etwa an Martin Luther Kings Rede „I have a dream". Sie wurde ein Meilenstein im Kampf für Gleichberechtigung und Menschenrechte. Man sollte sich keine Illusionen machen. Nicht jeder gute Traum geht in Erfüllung. So mancher, wie auch Martin Luther King selbst, hat mit seinem Leben dafür bezahlt. Aber ohne diesen Traum wäre viel Gutes ungetan geblieben.

Es ist wichtig, sensibel zu bleiben für Träume. Den als richtig und wichtig erkannten Träumen soll man folgen und dadurch diese Welt ein Stückchen heller und besser machen. Es ist wichtig, sich nicht mit der Realität abzufinden, wie sie nun mal ist, sondern kleine Schritte zu gehen, wo sie eben möglich sind, um diese Welt zu verändern. Wagen wir zu träumen!

Glückswege

Das Meiden des Belanglosen
das Suchen neuer Wege
ein Strauß voll duftender Rosen
und wenn ich mich bewege

Kreativität
Aufmerksamkeit
von früh bis spät
und Zärtlichkeit

Das Finden neuer Orte
ein ahnungsvolles Spüren
wandlungsvolle Worte
das Öffnen neuer Türen

Was ist Glück?

Nach langem Suchen – ein Finden
nach Krankheit – der erste Spaziergang in der Sonne
nach dem Winter – die Schneeglöckchen
nach tagelangem Regen – die Sonnenstrahlen
nach Zweifeln – die Zuversicht
nach einsamen Stunden – ein netter Besuch
nach einem anstrengenden Arbeitstag – ein ruhiger Abend
nach zu viel Ich – ein wohltuendes Du

Zu guter Letzt

Rückblick und Ausblick

Gott war da in Schweigen und Wort
war da im Alltagsstress – auch dort!
In Bild und Baum und im Gedicht,
oft unerkannt, im Frühlingslicht.
Ich ging erschöpft, sah ihn nicht immer
doch ab und zu drang mal ein Schimmer
ein Funke seiner Herrlichkeit
in meine Zeit...

Der Ausblick nun
mein Zukunftstun –
am Wegesrand stehn Fragezeichen
und werden auch nicht alle weichen.
Doch ich vertrau, beim nächsten Schritt
ist Gott mir nahe, er geht mit!

Impressum

Die Bibelstellen sind der folgenden Ausgabe entnommen: Einheitsübersetzung der Heiligen Schrift © 2016 Katholische Bibelanstalt, Stuttgart. Alle Rechte vorbehalten.

Das Foto auf S. 56 wurden im Kloster Maulbronn aufgenommen und ist mit freundlicher Genehmigung hier abgedruckt.

MIX
Papier aus verantwortungsvollen Quellen
FSC® C014138
FSC www.fsc.org

Bibliografische Information der Deutschen Nationalbibliothek: Die Deutsche Nationalbibliothek verzeichnet diese Publikation in der Deutschen Nationalbibliografie; detaillierte bibliografische Daten sind im Internet über http://dnb.d-nb.de abrufbar.

© 2023 Neukirchener Verlagsgesellschaft GmbH, Neukirchen-Vluyn
Alle Rechte vorbehalten
Lektorat: Anna Böck
Gestaltung und Satz: Kristina Dittert
Illustrationen: Kristina Dittert
Fotos: Anna Tomczyk
Verwendete Schrift: Adobe Garamond Pro, Sunflowers
Gesamtherstellung: Finidr, s.r.o., Český Těšín
Printed in Czech Republic
ISBN 978-3-7615-6926-9

www.neukirchener-verlage.de